박수경 동덕여자대학교에서 성악과, 큐레이터학과를 복수 전공했습니다.
미술품 경매회사 '케이옥션'과 온라인 아트 플랫폼 '누아트' 외 갤러리에서 근무하였습니다.
어려서부터 글쓰기를 좋아하고, 현재 한 아이의 엄마이자 영유아 출판&디자인스튜디오 '바바북스' 대표로
아이들을 위한 예술 서적과 완/교구를 만들고 있습니다.
또한 'YTN 사이언스' 등 미술 관련 방송과 강의로 대중들에게 예술을 알리고 있습니다.

이희재 이화여자대학교 미술대학에서 시각디자인을 전공했습니다.
30여 년간 북디자이너로 활동하였고, 바바북스의 공동대표로 크리에이티브 디렉터를 맡고 있습니다.
'바바할미'라는 이름으로 바바북스에서 『베이비 아트북』 시리즈를 기획, 편집하였습니다.

FIRST ART BOOK

뭐야? 동물이야! What's this? It's an Animal! 박수경 글 / 박수경·이희재 큐레이션

펴낸날 1판 1쇄 2023년 8월 25일 1판 2쇄 2024년 3월 19일 **펴낸곳** 바바북스 **펴낸이** 박수경 **디자인** 바바북스아뜰리에
등록 제2022-000182호 **주소** 경기도 고양시 덕양구 권율대로671 **팩스** 0504-339-0151
홈페이지 www.bababooks.kr **이메일** bababooks@bababooks.kr ⓘ instagram.com/bababooks.kr
ISBN 979-11-981283-5-5 77650
ⓒ 박수경, 2023

뭐야?

동물이야!

What's this? It's an Animal!

BΔBΔ

"멍멍! 멍멍! 반가워!"

구름처럼 하얀 강아지가
꼬리를 살랑살랑 흔들어요

따뜻한 발바닥을 만지면
보송보송, 말랑말랑

갸우뚱 갸우뚱

호기심 많은
아기 고양이 루피

알록달록 물감 위를
걸으며 살금살금

"야옹! 발바닥 도장을 찍어 볼까옹?"

"안녕, 널 보니 웃음이 나!"

"하하~ 나도 즐거운걸?"

알록달록 삐쭉빼쭉
다르게 생겼어도

함께라면 행복한 우리들!

'투두둑, 투둑'

비 내리는 정글의 시원한 아침
원숭이 가족이 아침 체조를 해요

아기 원숭이들이 대롱대롱

엄마 원숭이는 첨벙첨벙 물놀이를

아빠 원숭이는 머리를 긁적이며 생각해요
'오늘은 어디로 떠나볼까?'

"개구리야, 길을 잃었니?"
걱정하는 강아지 친구들

"오른쪽으로 가야 돼, 멍멍!"

"아니야, 왼쪽이야. 멍!"

"킁킁, 냄새를 맡아보니 아주 멀리 가야겠는걸"

개구리가 고개를 절레절레
'… 나 길 잃은 거 아닌데'

"이봐, 밤새 눈이 많이도 왔네"
"그러게 말이야. 출근길이 좀 미끄럽겠는걸?"

어른들은 눈이 오면 한숨을 푹푹 쉬는데
우리들은 눈이 오면 아침부터 신이 나요

눈사람을 만들까? 눈싸움을 할까?

지붕 위로 소복하게 쌓인 흰 눈
내 마음도 새하얗게 물들어요

아장아장
걷기는 참 어려워…

아기 송아지가
걸음마를 연습해요

"꽥꽥, 다리에 힘을 줘봐! 꽥꽥"
열심히 응원하는 오리들

다리 하나로
누가 누가 더 오래 서있나 시-작!

"깽깽이 발이라면 자신 있지!"

"난 다리 하나 들고
깃털도 가다듬을 수 있는걸?"

최후의 승자는?

하암~

햇볕 내리쬐는 오후
따뜻한 바위에 누워 뒹굴뒹굴

"나 잘 거야, 깨우지 마!"

지나가던 갈매기도
슬쩍 옆으로 와 휴가를 즐겨요

우리는 워킹맘들 음메~에

"오늘 퇴근 몇 시야?"
"칼퇴 할 거야. 우리 송아지 데리러 갈 거야~"

아무리 바빠도
아기소와 한 약속은
꼭 지키는 슈퍼우먼이거든요!

뉘엿뉘엿 해가 지고
코끼리 가족들이
집으로 돌아가는 저녁

엄마 코끼리, 아빠 코끼리가
신나게 놀고 있는
아기 코끼리를 데리러 왔어요

"집에 갈 시간이야"

쭈뼛쭈뼛 더 놀고 싶은데
방긋 웃는 엄마 얼굴에
가벼워지는 발걸음

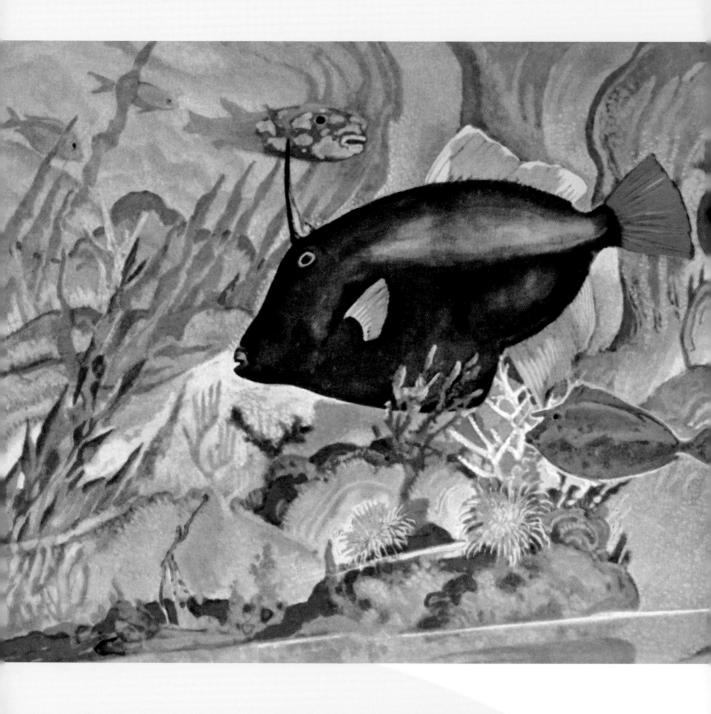

따뜻한 물속에는 뭐가 있을까?

하늘하늘 춤추는
해초도 있고

뻐끔뻐끔 요상하게 생긴
검은 물고기도 있고

뾰족뾰족 화가 난
말미잘도 있네

사이좋게 떼 지어 돌아다니는
물고기 가족들이 수다스러워

"얘들아!
잃어버리지 않게
아빠 뒤에 꼭 붙어!"

자자, 날이면 날마다 오는 게 아닙니다!
왕새우와 소라게의 씨름 날

몸집 큰 왕새우 선수가 이길까요?
작지만 재빠른 소라게 선수가 이길까요?

삼삼오오 모여든
바닷속 구경꾼들

큰 집게를 휘두르는
가재 심판의 신호에
경기 시작!

누가 누가 이길까
보글보글 바닷속 씨름 한 판

우리는 행복한 다둥이 가족
어딜 가든 오손도손 시끌벅적

기쁠 땐 웃음이 세 배
슬플 땐 서로 나누는

우리는 와글와글
다둥이 가족

보드라운 모래에 누워
바람의 노랫소리에 귀를 기울여요

찬란하게 쏟아지는 별들을
두 눈에 가득 담고
잠시 눈을 감았어요

긴 머리 사자가 다가와
살포시 옆에 멈춰 서더니
바람과 함께 노래하는 거예요

깜빡 잠이 들어버렸어요

야생 멧돼지 가족의 사냥 수업

애들아,
오늘은 먹이를 사냥해 볼 거야
저 멀리 먹잇감이 보이니?

살금살금 다가가서
폴짝폴짝 재빠르게 달리는 거야

엄마가 해볼 테니까
잘 보고 따라 해봐!

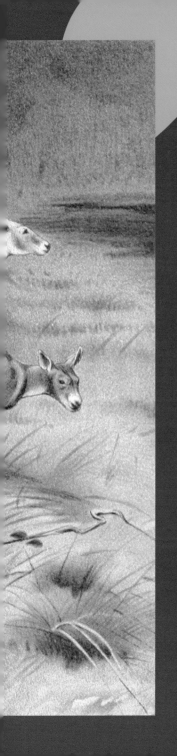

열심히 뛰어가는 캥거루들
빨리 달리기 시합을 하는 게 아니에요

우리들은

꾸준히 오래가기 시합을 해요

포기하지 않고 가는 연습을 해요

곤충들의 패션쇼

화사한 날개를 쫙!
노랑노랑 나비

"나도 날개가 있지!"
숨겨뒀던 날개를 펼친 풍뎅이

그 위를 또각또각 걸어가는
사마귀는 도도해

형형색색 옷을 입은
우리는 모두 아름다운 곤충들

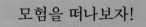

모험을 떠나보자!

날씨가 추우니까 우리 모두 꼭 붙어야 해
감기가 걸릴 수 있으니까 서로 서로 안아줘야 해

넘어지면 일으켜주고 잠들면 깨워주자
맛있는 음식도 나눠먹고 천천히 가보는 거야
저 멀리 따뜻한 나라로 우리 같이 떠나보자

〈스네기, 하얀 강아지〉
알마르 하겔스탐, 1932

〈젊은 예술가〉
앙리에트 로너 크니프, 연도미상

〈산 위의 소〉
조르주 발미에, 1922

〈원숭이가 있는 열대림〉
앙리 루소, 1910

〈호기심 많은 강아지와 개구리〉
칼 라이헤르트, 1917

〈겨울 농장〉
존 프레드릭 헤링 시니어, 연도미상

〈서프라이즈〉
페르디난드 폰 라이트, 1880

〈오리〉
루이스 아가시 푸에르테스, 1922-1926

〈바다표범의 휴식〉
아치볼드 소르번, 1912

〈솔트홀름 섬에서 풀을 뜯는 소〉
테오도르 필립센, 1892

〈아프리카 코끼리〉
조셉 볼프, 1861-1867

〈바보〉
스티븐 하위스, 1929-1932

〈갑각류〉
작가미상, 1893-1896

〈호랑이〉
존 조지 우드, 1898

〈잠 자는 집시〉
앙리 루소, 1897

〈페커리〉
조셉 볼프, 1861-1867

〈붉은 캥거루〉
빌헬름 쿤헤르트, 1893-1896

〈석판 위의 곤충〉
얀 반 케셀 더 엘더, 연도미상

〈고원의 거울〉
찰스 존스, 1871

〈녹색 교향곡〉
오스카 몰, 1940